Martina Hinzmann

Das Schönste sehen
in& um

Dresden

Die 7 schönsten Tagesausflüge

Einleitung

„Dresden hat mir meine Lust, an Kunst zu denken, wieder belebt.", schwärmte Johann Wolfgang von Goethe vor über 200 Jahren. Von dieser Faszination hat Dresden bis heute nichts verloren!

Dieser Reiseführer hilft Ihnen schnell und übersichtlich bei der Reiseplanung und auf Ihrer Reise vor Ort in Dresden!

Ganz gleich wie lange Sie bleiben - ob für ein Wochenende oder eine ganze Woche! Jede Tagestour ist darauf angelegt alles zu sehen, was diese Orte so faszinierend macht. Lassen Sie sich treiben und staunen in & um Dresden – mit sächsischer Gelassenheit und ohne etwas zu verpassen!

Inhalt

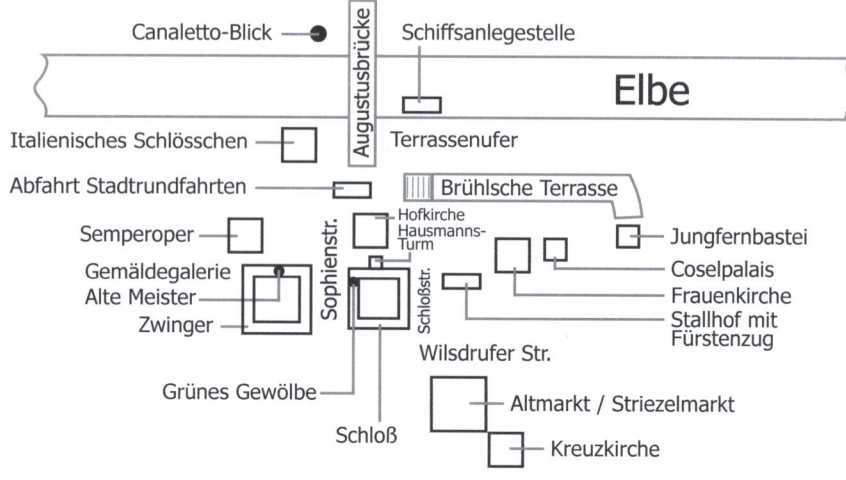

Canaletto-Blick ●——

Augustusbrücke

Schiffsanlegestelle

Elbe

Italienisches Schlösschen ——

Terrassenufer

Abfahrt Stadtrundfahrten ——

Brühlsche Terrasse

Semperoper ——

Sophienstr.

Hofkirche
Hausmanns-
Turm

Jungfernbastei

Gemäldegalerie
Alte Meister ——

Coselpalais

Zwinger ——

Schloßstr.

Frauenkirche

Stallhof mit
Fürstenzug

Grünes Gewölbe ——

Wilsdrufer Str.

Schloß

Altmarkt / Striezelmarkt

Kreuzkirche

Dresden Stadtplan

Was einem sofort auffällt, ist die Ruhe, die Dresden ausstrahlt. Keine Spur von Hektik wie man sie sonst aus anderen Großstädten kennt. Hier in Dresden wurde sie erfunden, die Sächsische Gemütlichkeit. Selbst an heißen Sommertagen hört man Touristen einvernehmlich sagen „Es ist wie Weihnachten, wenn die antiken Lampen der Altstadt beginnen zu leuchten." Diese Stimmung einzufangen, dazu lade ich Sie ein! Die Farben, die Ruhe, die Pracht selbst zu erleben. Eine Tagestour in Dresden gleicht einer kleinen Wanderung in eine längst vergangene Zeit!

Und vielleicht sagen Sie im Laufe Ihrer Dresden-Reise dann wie einst Carl Maria von Weber „Je schärfer ich den Gedanken ins Auge fasse, Dresden zu verlassen, je schwerer wird es mir."

Canaletto-Blick

Sächsische Gemütlichkeit beginnt genau hier! Wo einst Canaletto sein Dresden im Jahr 1748 eingefangen hat. An der Elbe, auf den Elbwiesen, hat sich seither der Blick nicht geändert. Genauso wenig wie an der relaxten Art der Sachsen. Auf der Wiese liegen und alle fünfe gerade sein lassen – hier kann man es.

Den dunkelrote Bilderrahmen, der das Originalmotiv wiedergibt, finden Sie unterhalb der Augustusbrücke, an den Elbwiesen. Diesen Blick nennen die Dresdner seither auch „Canaletto-Blick". Das Originalgemälde des Malers aus Venedig, der eigentlich Bernardo Bellotto hieß, und für fürstliche 1750 Taler Jahresgehalt zum Hofmaler von August dem Starken ernannt wurde, finden Sie im Zwinger, in der Gemäldegalerie Alte Meister.

Dresden

Wer zum ersten Mal nach Dresden kommt, den drängt es wie alle anderen Besucher zuerst zur Frauenkirche. Vorbei am Wettiner Fürstenzug, wie das überdimensionale Wandbild auf über 23.000 Kacheln aus Meissner Porzellan genannt wird. Hier wird einem mit Blick auf die gigantische Frauenkirche zum ersten Mal bewusst, was für eine Pracht einem in Dresden erwartet.

Allein der Fürstenzug ist mit einer Länge von 102 Metern das größte Porzellanbild der Welt. Und mit einer Kuppelhöhe von 24 Metern ist die Frauenkirche die größte steinerne Kuppel nördlich der Alpen. Willkommen in Dresden. Willkommen im Reich August des Starken!

Auf dem Fürstenzug finden Sie ihn dann auch, den berühmtesten Albertiner August den Starken! Genauso wie den berühmtesten ernestinischen Wettiner Friedrich der Weise, der einst Luthers Beschützer war und die evangelische Kirche in Deutschland erst möglich machte.

Fürstenzug & Frauenkirche

Was würde wohl Martin Luther 500 Jahre nach seinen Thesen tun, wenn er heute hier an diesem Ort stehen könnte? Vielleicht das, was Sie auch tun sollten – einfach hineingehen und staunen. Ihren Namen erhielt die von 1726 bis 1743 erbaute Frauenkirche aus der einstigen Bezeichnung „Unserer Lieben Frauen". Es war der Verweis auf Jesus Mutter Maria.

Im Laufe der Zeit wurde der Name auf Frauenkirche verkürzt. Die originalgetreue Sandstein-Kuppel der Frauenkirche ist das weithin sichtbare Wahrzeichen Dresdens. Der Kuppelaufstieg lohnt die Mühe, wenn auch anstrengend, bis man die 67 Höhenmeter zur Aussichtsplattform erklommen hat.

Adresse: Dresden, Neumarkt, Öffnungszeiten: Mo-Fr 10-12 und 13-18 Uhr, Sa-So variiert wegen Gottesdienst, Trauungen usw., Eintritt frei. Kuppelaufstieg: Öffnungszeiten März-Okt Mo-Sa 10-18 Uhr, So 12.30-18 Uhr; Nov-Feb Mo-Sa 10-16 Uhr, So 12.30-16 Uhr; Eintritt Erwachsene: 8,- Euro, ermäßigt 5,- Euro. Mehrere Führungen mit Preisen zw. 2,50 Euro bis 10,- Euro; Dauer zw. 30 und 60 Minuten.

Dresden

Die katholische Hofkirche entstand 1755 nahezu zeitgleich mit der evangelischen Frauenkirche. Beide Kirchen gab August der Starke in Auftrag und keine sollte er in seiner Fertigstellung erleben. Der Bau wurde im protestantischen Sachsen notwendig, weil August der Starke bereits seit 1697 König im katholischen Polen und in Litauen war. Das Besondere: Mittels Gesetz erließ er, dass sein Volk nicht, wie üblich, dem Glauben des Herrscherhauses folgen muss, sondern seinen evangelischen Glauben behalten kann. Nach seinem Tod wurde das Herz August des Starken in die Gruft der Hofkirche verlegt.

Mit einer Grundfläche von 4.800 Quadratmetern ist die katholische Hofkirche der größte Kirchenbau Sachsens.

Hofkirche

Mit welchem Aufwand August der Starke die Hofkirche erschaffen hat, lässt sich daran ermessen, dass sie dreimal so teuer war, wie die nur 300 Meter entfernte Frauenkirche. Und nur hier befindet sich die jüngste und zugleich einzig erhaltene Silbermann-Orgel der ehemals vier Werke in Dresden. 1755 geweiht, erklingen seither etwa 3.000 Pfeifen durch die Hofkirche. Jeden Mittwoch und Samstag finden 11.30 und 12 Uhr Orgelspiele statt. Durch ein päpstliches Dekret im Jahr 1980 wurde die Hofkirche zur Kathedrale St. Trinitatis erhoben. Führungen, auch mit Besichtigung des Grabgewölbes, finden täglich statt.

Adresse: Dresden, Schlossstraße 24, Öffnungszeiten: Mo-Di 9-18 Uhr, Mi-Do 9-17 Uhr, Fr 13-17 Uhr, Sa 10-17 Uhr, So 12-17 Uhr. Eintritt frei. Führungen, auch mit Besichtigungen des Grabgewölbes, finden täglich, meistens 13 Uhr, statt. Führungen ebenfalls kostenfrei. Nur in der Hofkirche direkt buchbar.

Dresden

Der sechseckige Hausmannsturm, von 1674 bis 1676 erbaut, ist der älteste Teil des Residenzschlosses und war bis 1945 der höchste Turm Dresdens. Er hat eine Höhe von über 100 Meter und kann heute wieder besichtigt werden.

Die Aussichtsplattform im Residenzschloss bietet auf 39 Metern einen schönen Rundumblick über das historische Stadtzentrum. Bei gutem Wetter ermöglicht sie sogar einen Blick bis zum Meißner Burgberg. Seit 1746 zeigt das Uhrwerk die Zeit an und nur für 46 Jahre stand sie seither still. Nachdem sie im 2. Weltkrieg zerstört wurde, zeigte sie 46 Jahre lang den Zeitpunkt des Bombeneinschlages an.

Adresse: Dresden, Hausmannsturm, Zugang über die Sophienstraße gegenüber der ehem. Hofkirche : Öffnungszeiten: April-Okt Mo-So 10-18 Uhr, Di geschlossen; Nov-März geschlossen. Eintritt Erwachsene 5,- Euro, ermäßigt 4,- Euro, Kinder unter 17 Jahre frei.

Hausmannsturm & Stallhof

Auf der Rückseite des Fürstenzuges liegt der Stallhof. Einst fanden hier Reitturniere statt. 1591 fertiggestellt, gehört er heute zu einem der ältesten, weitgehend originalgetreu erhaltenen Turnierplätze der Welt.

Jedes Jahr findet hier im Stallhof zur Weihnachtszeit ein mittelalterlicher Weihnachtsmarkt statt, der an Romantik kam zu überbieten ist und in den vier Wochen vor Weihnachten stattfindet. Direkt im Schloss, nahe der Frauenkirche, mit einem Glühwein in der Hand, hört man draußen Straßenmusiker spielen und auf dem Kopfsteinpflaster klappern wie vor 300 Jahren Pferdehufen – was gibt es schöneres? Unter den Arkaden, die den Stallhof an der Außenseite säumen, können Tische reserviert werden. Hier „bei Hofe" heißt das Ganze dann „Kürfürstliche Adventstafel".

Adresse: Dresden, Stallhof, Schlossstraße, Öffnungszeiten: 11-21.30 Uhr; Eintritt Erwachsene 3,- Euro, ermäßigt 2,- Euro. Kurfürstliche Adventstafel: Tisch für 1,5 Std.: Fr-So 24,- Euro pro Person, Mo-Do 18,- Euro pro Person. Jede weitere Stunde 30,- Euro pro Tafel.

Dresden

Fast 400 Jahre war es das Residenzschloss der Wettiner Kurfürsten und Könige der albertinischen Linie. Mit den geflügelten Worten „Dann macht doch euren Dreck alleene", dankte der letzte König von Sachsen, Friedrich August III, im Jahr 1918 ab. Damit war zumindest in Dresden die seit 1485 währende Geschichte der Herzöge, Kurfürsten und Könige in Sachsen beendet.

Im Wettiner Residenzschloss finden Sie neben dem Grünen Gewölbe auch das Münzkabinett, die Rüstkammer, die staatlichen Kunstsammlungen und das Kupferstich-Kabinett.

Adresse: Dresden, Schlossstraße, Öffnungszeiten täglich 10-18 Uhr, Dienstag geschlossen, Eintrittspreise für alle Museen des Residenzschlosses (außer Grünes Gewölbe): Erwachsene 12,- Euro, ermäßigt 9,- Euro. Kombiticket mit Historischem Grünen Gewölbe: Erwachsene 21,- Euro, Kinder bis 17 Jahre frei.

Residenzschloss

Die imposante Kuppel mit seinem beeindruckenden Gittermuster versetzt den historischen Innenhof des Residenzschlosses in mystische Schattenspiele. Ein schöner Einstieg auf das Grüne Gewölbe, das einen am Ende des überdachten Schlosshofs erwartet.

Adresse: Dresden, Schlossstraße; Öffnungszeiten: Eintritt Historisches Grünes Gewölbe (Zeitticket von jeweils 30 Minuten): Erwachsene 12,- Euro, Kinder bis 17 Jahre frei, Kombiticket Erwachsene 21,- Euro, Kinder bis 17 Jahre frei. Eintritt Neues Grünes Gewölbe im Ticket Residenzschloss eingeschlossen: Erwachsene 12,- Euro, Kinder bis 17 Jahre frei. Kombiticket Residenzschloss mit Zeitticket historisches Grünes Gewölbe: Erwachsene 21,- Euro, Kinder frei.

Dresden

Die ehemalige Schatzkammer der Wettiner Fürsten ist in vielerlei Hinsicht einmalig. 1547 unter Herzog Moritz noch in „geheimer Verwahrung" im Westflügel untergebracht, lies August der Starke extra Räume im Residenzschloss anbauen, um bereits 1724 die Schätze für alle Sachsen öffentlich zugänglich zu machen.

Tausende kostbare Kunstwerke beinhaltet die Sammlung, die heute zu bewundern sind. Das Grüne Gewölbe stellt die bedeutendste Schatzkammer der albertinischen Wettiner dar. 1945 packten die Enkel des letzten Königs von Sachsen 43 Schatz-Kisten der Wettiner und vergruben sie im Wald des Schlosses Moritzburg. Erst 51 Jahre später wurden sie wiedergefunden und werden seither als „Schatz der Wettiner" gezeichnet.

Grünes Gewölbe

Unter den vielen tausenden Kunstsschätzen aus Gold und Elfenbein befinden sich auch so bedeutende Gegenstände wie der Siegelring Martin Luthers aus dem Jahr 1530, den der ernestinische Wettiner Johann Friedrich der Großmütige für Luther anfertigen ließ und seit 1722 hier verwahrt wird. Ebenso befindet sich im Grünen Gewölbe die Trinkschale von Iwan dem Schrecklichen, der aus dem russischen Fürstengeschlecht der Rurikiden stammte und sich zu Luthers Zeiten, im Jahr 1546, selbst zum Zaren von Russland krönte.

Den Besuchermassen geschuldet, ist der begrenzte Zugang zum „Historischen Gewölbe" im Erdgeschoss. Die Besichtigung wird immer nur für 30 Minuten einem kleinen Besucherkontingent gewährt. Man sollte also Zeit und Geduld mitbringen.

Dresden

Der Zwinger ist wohl das bekannteste Bauwerken im Barockstil. Von 1719 bis 1728 erbaut, war zur Elbseite hin, wo heute die Semperoper steht, ein neues Residenzschloss geplant. Als August der Starke jedoch 1733 starb, kam es nicht mehr zum Bau des neuen Residenzschlosses. Die Zwingerseite zur Elbseite hin blieb damit mehr als 120 Jahre offen.

Erst 1855 schloss der mächtige Semperbau, in dem sich heute die Gemäldegalerie Alte Meister befindet, den Zwinger und erst dadurch entstand die geschlossene Form des Zwingers. Auf dem geplanten Platz des Schlosses wurde bereits 14 Jahre vorher, im Jahr 1841, die Semperoper errichtet.

Zwinger

Ein Muss für einen Zwingerbesuch ist das Glockenspiel am Glockenspiel-Pavillon. Alle Viertelstunde erklingen 40 Glocken aus Meissner Porzellan. 10.15, 14.15 und 18.15 Uhr erklingt eine fünfminütige Glockensinfonie. Im Zwinger befindet sich auch der Mathematisch-Physikalische Salon mit zahlreichen Uhren und historischen, wissenschaftlichen Instrumenten. Ebenso zeigt das Museum Weltkugeln aus unterschiedlichen Jahrhunderten, die Einblick in den jeweiligen Stand des damaligen Wissens über den Aufbau der Erde gibt. Zudem finden Sie im Zwinger auch die „Porzellansammlung". Sie ist eine der größten und wertvollsten der Welt - mit Jahrhunderte altem Meissner, chinesischem und japanischem Porzellan.

Öffnungszeiten Mathematisch-Physikalischer Salon und Porzellan-Sammlung: jeweils Di-So 10-18 Uhr, Montag geschlossen. Eintritt mit Zwinger-Ticket inkl. Alte Meister, Mathematisch-Physikalischer Salon & Porzellansammlung: Erwachsene 10,- Euro, ermäßigt 7,50 Euro, Kinder bis 17 Jahre frei.

Dresden

„Meine Verwunderung übersteigt jeden Begriff", verlautete einst Johann Wolfgang von Goethe, als er die Gemäldegalerie Alten Meister betrat. Das Staunen ist seit Goethe für alle folgenden Besucher geblieben. Bilder Alter Meister dicht gedrängt, oft doppelt und dreifach übereinander, von Künstlern wie Rubens, Rembrandt, Dürer, Canaletto, Cranach und vielen mehr!

Gemäldegalerie Alte Meister

Vor allem Raffaels „Sixtinische Madonna" beeindruckt, die mit ihren gewaltigen Dimensionen sprachlos macht. Und mit ihren beiden Engeln, die einen auf der ganzen Welt zur Weihnachtszeit begegnen.

Öffnungszeiten: ganzjährig Di-So 10-18 Uhr, Montag geschlossen. Eintritt mit Zwinger-Ticket inkl. Gemäldegalerie Alte Meister, Mathematisch-Physikalischer Salon & Porzellansammlung: Erwachsene 10,- Euro, ermäßigt 7,50 Euro, Kinder bis 17 Jahre frei. Audioguide 3,- Euro. Der Eingang befindet sich im Durchgang zwischen Semperoper und Zwinger-Innenhof, im sogenannten Semperbau des Zwingers. Stufenloser Eingang schräg gegenüber des Haupteinganges.

Dresden

Das imposante Reiterdenkmal auf dem Theaterplatz zeigt König Johann von Sachsen. Im Gegensatz zu seinem berühmten Ur-Ur-Großvater August der Starke „beschäftigte" er sich weniger mit dem barocken Aufbau Dresdens, sondern mit der Literatur als Philosoph. Unter dem Namen Philalethes „Freund der Wahrheit", übersetzte er das Hauptwerk Dantes „Göttliche Komödie" aus dem Italienischen ins Deutsche.

Dantes Werk aus dem 13. Jahrhundert wird noch heute als eines der bedeutendsten Werke der Weltliteratur bewertet und hatte großen Einfluss auf die italienische Sprache. Dante Alighieri, wie er mit vollständigem Namen hieß, gilt als Begründer der italienischen Schriftsprache und wurde auch als „Vater der italienischen Sprache" bezeichnet.

Semperoper

Die Semperoper auf dem Theaterplatz ist an dieser Stelle das zweite Opernhaus. Nachdem das erste, ebenfalls von Gottfried Semper im Jahr 1841 erbaut, als Königliches Hoftheater errichtet und von Richard Wagner als Kapellmeister in den Anfangsjahren geleitet wurde. Zahlreiche Uraufführungen fanden im ersten Opernhaus statt wie „Der fliegende Holländer".

1869 fiel das Opernhaus einem Brand zum Opfer. Die Sitzfiguren am Eingang der heutigen Semperoper stellen Goethe und Schiller dar und stammen von der ersten Semperoper. Bereits 1871 begann der Bau für die heutige Semperoper. Neun der fünfzehn Opern von Richard Strauss fanden hier ihre Uraufführung. So etwa „Der Rosenkavalier", im Jahr 1911.

Das Ambiente ist fürstlich, die Eintrittspreise auch: Erwachsene je nach Veranstaltung und Sitzplatz von etwa 30,- bis über 100,- Euro. Kinder bis 16 Jahre die Hälfte, jedoch nicht bei Premieren, Gastspielen, Logenplätzen…

Dresden

22 spannende Stadtrundfahrten-Haltestellen stehen mit dem roten Doppeldeckerbus in und um Dresden auf dem Programm. Und schon die Haltestelle an der ehemaligen Hofkirche hat es in sich und macht das Warten eher zum Erlebnis. Mit der Elbe im Rücken und der Hofkirche voran, ist sie ein schöner Einstieg in die Geschichte Dresdens.
Etwa 90 Minuten führt Sie die Stadtrundfahrt durch Dresden, bis hin zum Blauen Wunder, der kobaltblauen Brücke, dem „Elbe-Tor Dresdens". Hier beginnt die Reise der Elbe durch Dresden, die sich elegant von einer Elbseite zur anderen durch die Stadt schwingt.

Abfahrtzeiten: Jan-Feb täglich 11, 13, 15 Uhr, Sa zusätzlich 10+12 Uhr; März, sowie im Nov und Dez stündlich zw. 10 und 15 Uhr; Hauptsaison April-Okt täglich 9:30, 11:00, 11:30, 12:15, 13:00, 13:30, 15:00, 15:30, 16:15 und 17 Uhr. Fahrpreise Erwachsene 17,- Euro, ermäßigt 15,- Euro, Jugendliche (15-17 Jahre) 13,- Euro, Kinder bis 14 Jahre frei.

Stadtrundfahrt & Theaterplatz

Auf dem Theaterplatz hat man einen der schönsten Blicke im historischen Stadtkern. Rechts das Schloss. Links davon die Hofkirche. Ein besonderer Genuss ist der Theaterplatz am Abend von einem der zahlreichen Plätze im Garten des Italienischen Dörfchens. So bezeichnet, das barocke Gasthaus direkt an der Elbe, nur einen Steinwurf von der Hofkirche entfernt. Einst für die italienischen Baumeister der Hofkirche erbaut, frönt man heute hier die sächsische Gastfreundlichkeit.

Adresse: Dresden, Theaterplatz 3, Öffnungszeiten täglich 11-23 Uhr.

Dresden

Wenn die antiken Laternen in der Altstadt beginnen zu leuchten und die Musiker unter dem Fürstenzug spielen, halt der Klang durch alle Gassen. Besonders romantisch wird es dann rund um die spektakulär erleuchtete Frauenkirche, wo unzählige Bars und Restaurant auf Sie warten.

Lassen Sie sich verwöhnen von den vielen sächsischen Spezialitäten: Angefangen beim Dresdner Christstollen, über den Sächsischen Sauerbraten, Buchteln mit warmer Vanillesoße, bis hin zu einer Vielzahl an Süßspeisen wie Eierschecke, Quarkkeulchen und mehr. Wahrlich, ein Besuch in Dresden ist „so gar nicht geeignet" für den Beginn einer erfolgreichen Diät.

Coselpalais

So auch im barocken Coselpalais, das 1765 von Friedrich August, Reichsgraf von Cosel, dem gemeinsamen Sohn von Gräfin Cosel und August dem Starken, erbaut wurde. Es war das Sterbejahr von Gräfin Cosel. Unter barocker Deckenmalerei warten auch hier sächsische Spezialitäten auf Besucher. Die Preise sind moderat, das Ambiente fantastisch und die Qualität hervorragend. Dazu eine Tasse Kaffee in Original Meissner Porzellan serviert, was will man mehr? Das Leben kann so fürstlich sein!

Dresden

Der „Balkon Europas" wird die Brühlsche Terrasse oft genannt, die einst Teil der Befestigungsanlage war. Beginnend mit einer weit einladenden Freitreppe an der Augustusbrücke, geht es hinauf, unter schattige Bäume und viele Bänke, die zum Verweilen einladen.

Als August der Starke starb, übernahm sein Sohn Friedrich August II. die Regentschaft und schenkte seinem engsten Berater Heinrich Graf von Brühl, 1739 die Festungsanlage. Brühl errichte darauf kunstvoll ein Palais, ein Belvedere, Gärten und machte es so zu seiner berühmten Dresdner „Elbe-Flaniermeile", die heute noch seinen Namen trägt „Brühlsche Terrasse".

Einst nur Adeligen vorbehalten, genießen heute Dresdner und Touristen gleichermaßen ihren „Elbe-Balkon".

Brühlschen Terrasse

Am Ende der Brühlschen Terrasse wartet ein unscheinbares Haus mit großer historischer Bedeutung. Die Jungfernbastei. Hier erfand einst Friedrich Böttger mit zahlreichen Weggefährten das „Weiße Gold", wie das Meissner Porzellan auch genannt wird. Hier nahm 1710 der Siegeszug des europäischen Porzellans seinen Anfang. Zurzeit befindet sich die Jungfernbastei im Umbau.

Dresden

Leinen los, auf einem Dampfer der größten und vor allem ältesten Raddampfer Flotte der Welt. Ob für eine Fahrt bis zum Blauen Wunder und wieder zurück oder einen Tagesausflug in die Sächsische Schweiz.

Begonnen hat alles im Jahr 1834, als der Zuckerfabrikant Calberla den Dampfschiffverkehr nach Hamburg verwirklichte. Zunächst nur für seinen Rohrzucker, den er aus Übersee von Hamburg bezog. 1836 wurde der Passagierbetrieb aufgenommen. Heute fahren neun historische Raddampfer auf der Elbe.

Dampferfahrt

Der Klassiker geht bis zum Blauen Wunder, dem „Elbetor Dresdens" und dauert etwa 90 Minuten. Ebenso werden romantische Abendfahrten angeboten.

Adresse: Dresden, Terrassenufer 2, Abfahrtszeiten zum Blauen Wunder: Hauptsaison Mai bis Mitte Okt täglich 11, 13, 15 und 16 Uhr. Okt-April reduzierte Abfahrtszeiten meistens 13 und 15 Uhr. Preise Blaues Wunder: Erwachsene 18,50 Euro, ermäßigt und Kinder zw. 6-14 Jahre 11,- Euro, Kinder bis 6 Jahre frei.

Dresden

Bereits 1215 unter dem Namen Nikolaikirche gegründet, wurde sie 1388 als Kreuzkirche neu geweiht und ist seither die evangelische Hauptkirche der Stadt Dresden. Mit 3.600 Plätzen ist sie eine der größten evangelischen Kirchen Deutschlands. Direkt am Altmarkt thront sie über den alljährlich zur Weihnachtszeit stattfindenden Striezelmarkt.

1539 fand hier das erste evangelische Abendmahl statt. Damit wurde die Reformation in Dresden eingeführt. Die Glocken der Kreuzkirche sind nach dem Kölner Dom und dem Konstanzer Münster, das drittgrößte Bronze-Glockengeläut Deutschlands. Aber nur hier sind alle Glocken aus einem Guss.

Kreuzkirche

Heute finden in der Kreuzkirche eine Reihe von Veranstaltungen statt. Von Vorlesungen, Konzerten bis hin zur Kreuzchorvesper. Der über 800 Jahre alte Dresdener Kreuzchor, mit 130 Sängern im Alter von neun bis 19 Jahren, ist weltweit zu Gast und hat hier seine Heimat. Wenn nicht auf Tour, so können Sie ihn samstags, 17 Uhr, bei einer liturgischen Kreuzchorvesper hören. Der Eintritt ist frei zzgl. Programmheft 2,- Euro. Kinder bis 14 Jahre frei.

In 54 Metern Höhe befindet sich die Aussichtsplattform der Kreuzkirche mit schöner Rundumsicht, für die 256 Stufen genommen werden müssen.

Adresse: Dresden, An der Kreuzkirche; Öffnungszeiten Kirche 10-18 Uhr, Eintritt frei; Öffnungszeiten Aussichtsplattform April Mo-Sa 10-16.30 Uhr, So 12-16.30 Uhr, Mai-Okt Mo-Sa 10-17.30 Uhr, So 12-17.30 Uhr, Nov-März Mo-Sa 10-15.30 Uhr, 12-15.30 Uhr. Eintritt Erwachse 3,- Euro, ermäßigt 2,- Euro.

Dresdner Striezelmarkt

576

Dresden

Wenn sich Glühwein- und Stollen-Duft mischen, dann ist Weihnachtszeit in Dresden. Der Name Striezelmarkt leitet sich vom Stollen ab, der „Striezel" genannt wurde. Traditionell findet die Eröffnung genau vier Wochen vor Weihnachten, um 15.00 Uhr, mit einem ökumenischen Gottesdienst in der Kreuzkirche statt.

Striezelmarkt

Höhepunkt ist der Sonntag vor dem 2. Advent, an dem bei einem Festumzug ein etwa vier Meter langer Stollen auf der Kutsche durch die Straßen der Altstadt gefahren und auf dem Striezelmarkt angeschnitten wird. Der Eintritt zum ältesten deutschen Weihnachtsmarkt, der seit 1434 stattfindet, ist frei. Die Feststimmung ist hingegen unbezahlbar und nimmt einen für immer ein. Auch nach fast 600 Jahren.

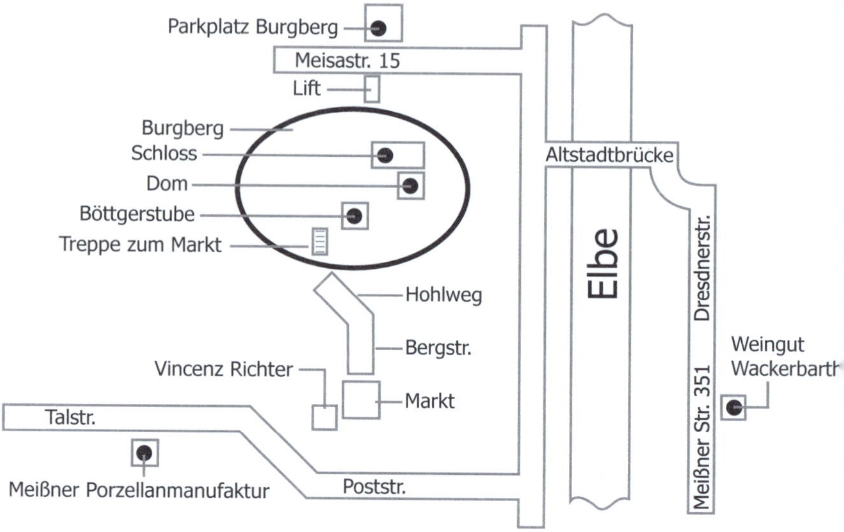

Parkplatz Burgberg

Meisastr. 15

Lift

Burgberg
Schloss
Dom
Böttgerstube
Treppe zum Markt

Hohlweg

Bergstr.

Vincenz Richter

Markt

Talstr.

Meißner Porzellanmanufaktur

Poststr.

Altstadtbrücke

Elbe

Dresdnerstr.

Meißner Str. 351

Weingut
Wackerbarth

Meißen Stadtplan

Meißen liegt nur etwa 30 Autominuten von Dresden elbabwärts entfernt. Hier erwartet Sie nicht nur die älteste europäische Porzellanmanufaktur, sondern auch das älteste Schloss Deutschlands und die Gründerstadt der heute verwendeten deutschen Sprache. Denn keiner anderen Sprache hat sich Martin Luther 1522 zur Bibelübersetzung zu Eigen gemacht, als das Meißner Kanzleideutsch.

Meißner Burgberg

Unübersehbar thront das älteste Schloss Deutschlands auf dem Burgberg von Meißen. Einst erbaut von den Wettinern, einem der ältesten Adelsgeschlechter Deutschlands und des europäischen Hochadels. Noch während seines Baus teilten sich die Wettiner Brüder Ernst und August in die ernestinische und die albertinische Linie auf. Ernst war der Vater von Friedrich dem Weise, Johann dem Beständigen und Johann Friedrich dem Großmütigen. Den drei bekennenden Unterstützern Luthers, ohne die es eine evangelische Kirche genauso wenig gegeben hätte, wie unsere heute gesprochene deutsche Sprache. Denn sie hatte genau hier ihren Ursprung. Hier bei den Wettinern - im Meißner Kanzleideutsch.

Meißen

In der Meißner Porzellanmanufaktur wartet, seit 2014, Saxonia auf ihre Gäste, die weltweit größte, freistehende Porzellanskulptur. Eine würdige Nachfolgerin von Gräfin Cosel, geschaffen zum 25. Jahrestag der Deutschen Einheit, mit über 8.000 handgeformten Porzellanblüten aus Meißner Porzellan.

In Lebensgröße, von 1,80 Meter, wurde sie zur „Sächsischen Freiheitsstatue" getauft und allein drei Wochen im Ofen der Meißner Porzellanmanufaktur gebrannt. Durch die hohe Verwendung von Alabaster schimmert Meißner Porzellan elegant wie Marmor.

Meißner Porzellanmanufaktur

Ein besonderes Erlebnis ist das angeschlossene Museum der Meißner Porzellanmanufaktur. Kinder erhalten am Eingang eine Schatzkarte, mit der sie ein Lösungswort finden müssen. Als Belohnung gibt es einen Glückstaler aus Original Meißner Porzellan. Spätestens dann wollen auch die Kleinen wissen, wie es hergestellt wird - das Meißner Porzellan. In einer Schauwerkstatt erfahren Groß und Klein, wie Meißner Porzellan entsteht. Zudem gibt es einen großen Einkaufsladen voller Träume aus Meißner Porzellan.

Adresse: Meißen, Talstraße 9, Großer Parkplatz hinter der Manufaktur. Führungen Karfreitag bis 31. Oktober täglich 10.40, 11.40, 12.40, 13.40 und 14.40 Uhr. Eintritt pro Person 3,- Euro. Führung etwa 2 Stunden.

Meißen

Nur 10 Autominuten von der Meißner Porzellanmanufaktur liegt der Meißner Burgberg. Parkplatz Meisastraße 15. Ein Panoramaaufzug führt bequem nach oben. Oben angekommen, steht man direkt vor dem mächtigen Meißner Dom, erbaut mit der Gründung des Bistums Meißen, im Jahr 968.

1581 wurde der Meißner Dom eine lutherische Kirche. Die beiden weithin sichtbaren und prägenden Türme des Meißner Doms, mit seiner imposanten Höhe von 81 Meter, stehen erst seit 1903 und 1909. Der „Höckrige Turm", wie der dritte Turm genannt wird, steht hingegen schon seit Jahrhunderten und besticht durch seine transparente Turmspitze (siehe Seite 34).

Meißner Dom

Das lichtdurchflutete Hauptschiff im mittelalterlichen, hochgotischen Stil, ist fast 100 Meter lang und etwa 20 Meter hoch. Lucas Cranach d. Ä. und viele andere Künstler waren hier tätig.

Der Meißner Dom ist seit Jahrhunderten auch die Begräbnisstätte der Wettiner Familie. In der Fürstenkapelle, die 1425 angebaut wurde, und besichtigt werden kann, ruht auch Friedrich I. (1370-1428), der erste Kurfürst der Wettiner. Im Jahr 1423 erhielt er von König Sigismund die Kurwürde und das Herzogtum Sachsen-Wittenberg, zum Dank für die Unterstützung im Kampf gegen die Hussiten.

Adresse: Meißen, Burgberg, Domplatz 7. Öffnungszeiten: April 10-18, Mai-Okt 9-18, Nov-März 10-16, Eintritt Erwachsene 4,- Euro, ermäßigt 2,50 Euro. Kombiticket Dom und Albrechtsburg Erwachsene 10,50 Uhr, ermäßigt 5,50 Uhr, Familie 25,- Euro. Orgelmusik von April-Okt Mo-Sa 12-12.30 Uhr, Eintritt Erwachsene 4,50 Euro, ermäßigt 2,50 Uhr.

Meißen

Wie ein Märchenschloss aus längst vergangen Zeiten wirkt die Albrechtsburg in Meißen. Und damit liegt man nicht einmal falsch. Denn immerhin ist sie das älteste Schloss Deutschlands. Noch während des Baus teilten sich die Wettiner Brüder Ernst und Albrecht ihr Fürstentum bei der Leipziger Teilung, im Jahr 1485, in die ernestinische und die albertinische Linie, auf.

Während der bekannteste aus der albertinischen Linie August der Starke war, ist der wohl berühmteste aus der ernestinischen Linie der Unterstützer und Beschützer Martin Luthers, Friedrich der Weise. Der Name Wettin stammt aus dem altsorbischen „vitin", was „Willkommen" heißt.

Albrechtsburg

In ihren Mauern wurde auf Geheiß August des Starken einst das Meißner Porzellan unter größter Geheimhaltung hergestellt. Von 1710 an war hier über 150 Jahre die Manufaktur. 1863 siedelte sie in die heutige Manufaktur um. Nach umfangreichen Restaurationen entstanden ab dem Jahr 1873 die historischen Wandgemälde über die Geschichte der Wettiner. Eingang direkt neben dem Meißner Dom.

Wer sich traut und fürstlich heiraten will, kann hier in spätgotischen Räumlichkeiten feiern.

Adresse: Meißen, Burgberg, Domplatz 1. Öffnungszeiten: Eintritt Erwachsene 8,- Euro, ermäßigt 4,- Euro, Familie 18,- Euro. Kombiticket Albrechtsburg und Meißner Porzellanmanufaktur: Erwachsene 14,- Euro, ermäßigt 7,- Euro, Familie 30,- Euro; Kombiticket Dom und Albrechtsburg Erwachsene 10,50 Uhr, ermäßigt 5,50 Uhr, Familie 25,- Euro.

Meißen

Nach so viel Geschichte, wird es Zeit für eine kulinarische Spezialität, dem Meißner Fummel. Ein echtes Meißner Original und Süßgebäck, das im Jahr 1747 seine erste Erwähnung fand.

Zum Probieren bestens geeignet, ist dafür der riesige Biergarten der Böttger-Stube, neben dem Meißner Dom. Mit schönen Blick über Meißen, bis hin zu den auf der anderen Elbseite liegenden Meißner und Radebeuler Weinbergen. Die Böttger-Stube wird daher auch als „Balkon Meißens" bezeichnet.

Adresse: Meißen, Burgberg, Domplatz 11, Öffnungszeiten: täglich 11.30-22 Uhr.

Böttger-Stube

Der Burgberg lädt auch zum gemütlichen Spaziergang ein. So kommt man über eine Treppe hinunter zu dem nur etwa fünf Gehminuten entfernten Marktplatz. Hier liegt etwas versetzt auch das urige Vincenz Richter Wein-Restaurant aus dem Jahr 1523.

Adresse: Meißen, An der Frauenkirche 12, Öffnungszeiten: Di-Fr 12-14 und 17-22 Uhr, Sa 12-23 Uhr, So 12-15 Uhr, Mo Ruhetag.

Weinberge Radebeul

Auf der anderen Elbseite, nur 20 Autominuten von Meißen entfernt, liegt das Weingut Schloss Wackerbarth, an der Sächsischen Weinstraße in Radebeul. Tatsächlich gehörte es einst Graf von Wackerbarth, einem engen Vertrauten und Minister von August dem Starken.

Unter ihm schufen Architekten wie Pöppelmann das barocke Dresden mit so bedeutenden Bauten wie den Dresdner Zwinger. Der Architekt Knöffel wurde von Graf Wackerbarth entdeckt und Landbaumeister. Später galt er als Begründer des sächsischen Rokoko.

Schloss Wackerbarth

Die terrassenartige Weinwirtschaft mit barockem Schloss wurde 1730 von Knöffel im Auftrag des Grafen von Wackerbarth hier in den Steilhang gesetzt. Genießen wie einst August der Starke - hier können Sie es - bei einem Glas hauseigenem Sekt oder Wein.

Adresse: Radebeul, Wackerbarthstraße 1, Öffnungszeiten: Jan-März Do-Sa 12-20 Uhr, So 10-18 Uhr, Mo-Mi geschlossen, April-Dez Di-Sa 12-22 Uhr, So 10-18 Uhr. Mo geschlossen, Januar geschlossen.

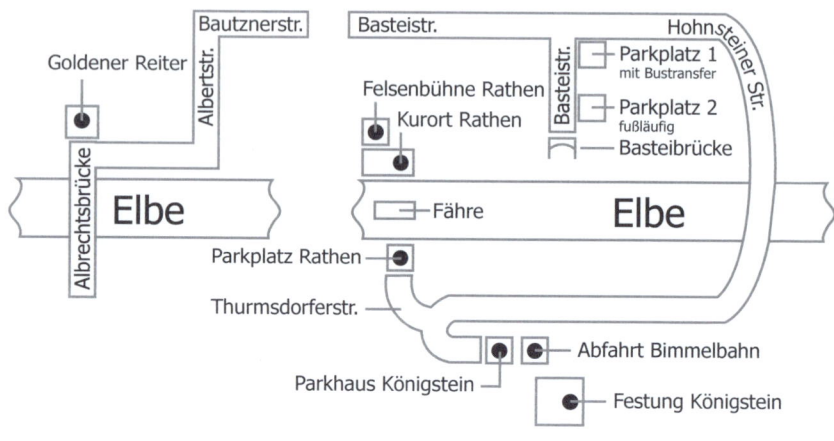

Abfahrt Dresden

Ankunft Bastei

Goldener Reiter

Bautznerstr.

Albertstr.

Albrechtsbrücke

Elbe

Basteistr.

Hohnsteiner Str.

Parkplatz 1
mit Bustransfer

Basteistr.

Parkplatz 2
fußläufig

Felsenbühne Rathen

Kurort Rathen

Basteibrücke

Fähre

Elbe

Parkplatz Rathen

Thurmsdorferstr.

Abfahrt Bimmelbahn

Parkhaus Königstein

Festung Königstein

Bastei Routenplaner

Die heutige Tagestour führt Sie nach etwa 45 Minuten Fahrzeit vor die Tore Dresdens, elbaufwärts in die sächsische Schweiz. Den Namen „Schweiz" trägt das Elbsandsteingebirge zurecht. Die Felsen ragen über hundert Meter senkrecht in die Höhe. Fast scheint es, als hätten Kinder am Flussbett der Elbe die Felsen aus nasser Erde wie Sandburgen aufgebaut. Und so mancher Dichter wie Heinrich Heine wurde von ihrem Anblick inspiriert.

Weiter geht die Fahrt auf die andere Elbseite, auf die Festung Königstein und zum Kurort Rathen, das mit seinem Basteiblick und der Freilichtbühne, die inmitten der Basteifelsen liegt, für mystische Stimmung am Abend sorgt.

Bastei

Sagenumwoben war die Bastei schon immer. Sagenhaft sind auch immer wieder die Bergsteiger, die senkrecht die Felsen hochkraxeln. Immer mit vielen bewundernden Zuschauern. Ein echtes Spektakel für alle Beteiligten.

So richtig glauben will es keiner, so nah und fast auf Augenhöhe jemanden klettern zu sehen. Noch surrealer wirkt es auf den Betrachter, wenn plötzlich eine Frau auf so einer Felsenspitze auftaucht. Oder wie hier, gleich zwei.

Bastei

Wer es selbst und ohne Seil probieren will, der kann für einen kleinen Aufpreis auf sicheren und dennoch recht waghalsigen Brücken zwischen den Felsenspitzen laufen und sich zumindest ein bisschen wie ein Bergsteiger in schwindelerregender Höhe fühlen. Die Aussicht ist mindestens genauso grandios.

Basteibrücke

Aber es geht auch viel, viel gemütlicher. Typisch sächsisch eben. Man sieht die Elbe weit unter sich, genießt den Weitblick und fühlt sich schon auf der Basteibrücke wie ein kleiner Himmelsstürmer. Bereits 1851 erbaut, überspannt sie mit sieben Bögen und einer Länge von etwa 77 Metern atemberaubende Schluchten und eröffnet einem dabei einen imposanten Blick in das Elbtal.

Die Bastei ist ganzjährig zugänglich. Die Anfahrt zur Bastei elbaufwärts dauert etwa 45 Minuten. Man kann das Auto unten stehen lassen und wandern oder recht nah auf den Parkplatz fahren und das letzte Stück laufen. Adresse des am nächsten gelegenen Parkplatz an der Bastei: Basteistraße, 01847 Lohmen.

Festung Königstein

Auf der südlichen Elbseite, 30 Autominuten von der Bastei entfernt, liegt die Festung Königstein. Hoch hinauf kann man etwa 15 Minuten steil bergauf laufen oder entspannt mit dem Festungs-Express, einer Kindereisenbahn auf Rädern ähnlich, tuckern. Oben angekommen, steht man direkt vor einer 42 Meter hohen Wand – der Festungsmauer. Von hier aus geht es hoch mit einem spektakulären Panoramaaufzug.

Festung Königstein

Einmal oben angekommen, steht man 240 Meter über der Elbe auf dem gleichnamigen Tafelberg und genießt einen wunderschönen, weiten Blick vom mächtigen Felsplateau aus.

Adresse vom Parkhaus „Am Malerweg": 01824 Königstein, Am Königstein 1. Parkgebühr: bis 4 Std. 5,- Euro, 5 Std. 6,- Euro, Tageskarte 7,- Euro. Motorräder gebührenfrei, Caravan: bis 4 Std. 7,50 Euro, 5 Std. 8,50 Euro, Tageskarte 10,- Euro. Ganzjährig geöffnet, Ein- und Ausfahrt immer möglich.

Festung Königstein

Immer wieder war die Festung Königstein auch ein sicherer Rückzugsort der Wettiner in Zeiten des Krieges. Und Kriege gab es damals reichlich. In Dresden erzählt man sich noch heute die Geschichte vom sächsischen Generalleutnant Freiherr von Kyau, der mit seinem geistreichen Witz ein gern gesehener Gast von August des Starken war und durch eine Wette zum Kommandanten der Festung Königstein wurde.

„Ich wäre gern mal an Eurer Stelle!", verkündete er einst. Gesagt, getan, erhob sich August der Starke und gewährte ihm seinen Platz. Von Kyau verkündete, dass er, der nun „Kurfürst" war, den Generalleutnant von Kyau zum Kommandanten von Königstein ernennt. August der Starke nahm den Scherz an und schickte ihn sogleich auf die Festung Königstein - als Kommandanten. Ob´s stimmt? Sicher verbrieft ist nur, dass er im selben Jahr gestorben ist wie August der Starke, im Jahr 1733.

Festung Königstein

Wenn man das Parkhaus Königstein in Richtung Dresden verlässt, biegt man rechts in die Thürmsdorfer Straße ein, eine Landstraße, die einen einmaligen Blick auf die Festung Königstein rechts und den sagenhaften Lilienstein zur Linken freigibt. Auf kurzem Weg nähert man sich nach etwa 15 Minuten dem Kurstädtchen Rathen.

Mit einer kleinen Fähre setzt man zum Kurort über. Auf der anderen Elbeseite wartet eine Felsenbühne. Am Wochenende gibt es hier Freiluft-Vorstellungen mit denen man den Abend gemütlich ausklingen lassen kann. Für die Rückfahrt nach Dresden sollte man etwa eine Stunde einplanen.

Kurort Rathen

Von Rathen aus können Sie auch hoch zur Bastei wandern oder „knieschonend", den umgekehrten Weg wählen. So oder so ist er seit Jahrhunderten ein Klassiker unter den Wanderwegen, der so manchen Dichter zu Gedichten und Erzählungen „verleidet" hat.

So schrieb der Berliner (!) Hugo Lissauer über die Bastei: „O liebliches Idyll, du deutsche Schweiz am schönen Elbestrande, wie schlägt doch stets dein Liebesreiz mich neu in Zauberbande! So hab' hinab von der Bastei als Jüngling ich geblicket, mich an der Fernsicht, hehr und frei, begeistert und entzücket! So blick' bewundernd ich noch heut, das Aug' will satt nicht werden, es hat mich wenig so erfreut als dieses Bild auf Erden. ... Der Schlüssel all' der Herrlichkeit, der liebsten mir auf Erden, denn nimmermehr wird weit und breit ein Ort mir lieber werden."

Kurort Rathen

Adresse Parkplatz: 01824 Rathen, Elbeweg 12, Fährzeiten: 15. Mai - 31. Okt: Mo-Fr 4:30 – 00:45 Uhr, Sa, So & Feiertage 5:30 – 00:45 Uhr, 1. Nov - 14. Mai: Mo-Fr 4:30-23:45 Uhr, Sa, So & Feiertage 5:30-23:45 Uhr. Fahrpreis Erwachsener: Einzelfahrt 1, Euro, Hin- & Rückfahrt 1,80 Euro; ermäßigt Kinder (6-16 Jahre) und Urlauber mit Gästekarte: Einzelfahrt 0,50 Euro, Hin- & Rückfahrt 0,80 Euro. Kinder bis 6 Jahre frei.

Felsenbühne von Mai -Sep. Eintritt Erwachsene 11-25 Euro, Kinder 7-18 Euro, ermäßigt 8-22 Euro. Spielbeginn variiert je nach Bühnenstück zw. 11 Uhr bis 19 Uhr.

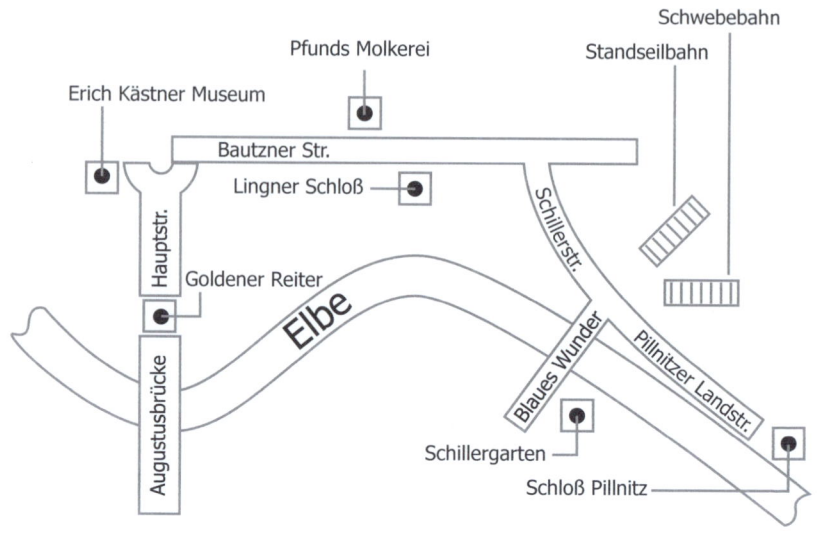

Schwebebahn

Standseilbahn

Pfunds Molkerei

Erich Kästner Museum

Bautzner Str.

Lingner Schloß

Schillerstr.

Hauptstr.

Goldener Reiter

Elbe

Pillnitzer Landstr.

Blaues Wunder

Augustusbrücke

Schillergarten

Schloß Pillnitz

Schloss Pillnitz Routenplan

„Wenn es zutreffen sollte, dass ich nicht nur weiß, was schlimm und hässlich, sondern auch was schön ist, so verdanke ich diese Gabe dem Glück, in Dresden aufgewachsen zu sein!", bekannte sich einst der berühmte Schriftsteller Erich Kästner. Mit Büchern, wie „Das fliegende Klassenzimmer", erlangte er Bekanntheit. Die Dresdner Neustadt, in der Erich Kästner aufwuchs, steht heute auf der Tagestour.

Vom Erich Kästner Museum aus, geht es zu den Elbhängen mit ihrem phantastischen Blick über Dresden und zum Blauen Wunder. Auch die älteste Bergschwebebahn der Welt und das Lustschloss Pillnitz stehen heute auf dem Programm.

Goldener Reiter

Über die Augustusbrücke verlässt man die Altstadt und gelangt direkt auf das Reiterdenkmal von August des Starken. In Gold und mit Blick nach Polen. Im Rücken ganz philosophisch, die evangelische Frauenkirche zur Rechten und die katholische Hofkirche zur Linken. So manchen hat August der Starke glauben lassen, dass er tatsächlich aus purem Gold sei. Und so hält sich die Legend, dass einst ein Soldat im Siebenjährigen Krieg vergeblich versucht haben soll, einen Huf abzuschlagen. Noch heute sei dieser missglückte Versuch am Huf zu erkennen.

Hier am Goldenen Reiter beginnt auch der legendäre Nachtwächter-Rundgang. Immer 21 Uhr, immer 90 Minuten, das ganze Jahr über. Rundgang 15 Euro pro Person, Kinder bis 14 Jahre frei. Aber Achtung: Vorher Karten im Stadtmuseum Dresden auf der Wilsdrufer Straße – bis 15 Uhr – kaufen. Zudem können am Stadtmuseum Historische Stadtrundgänge von etwa 90 Minuten zu Fuß gebucht werden, die auch dort beginnen. Historische Stadtrundgänge: April-Okt. täglich 11 und 15 Uhr. Preise Erwachsene 10,- Euro, Kinder bis 14 Jahre frei.

Erich Kästner Museum

Hier in der ehemaligen Villa seines Onkels Franz Augustin, hat der junge Erich Kästner oft auf der Mauer gesessen und „dem Treiben auf dem Albrechtsplatz zugesehen", wie er später sagen wird. So manche Geschichte scheint ihm dabei für seine späteren Bücher gekommen zu sein: „Emil und die Detektive", „Pünktchen und Anton", „Das doppelte Lottchen". Buchklassiker, die zu Filmklassikern wurden und über die Jahrzehnte in deutschen Schulklassen gelesen wurden. Und wohl so mancher Schulbub hat hier „seine eigene Episode" gefunden.

Heute sitzt Erich Kästner wieder hier auf der Mauer – diesmal in Bronze. Und fast scheint es, als lädt er seine Besucher zu einem „kleinen Plausch" ein.

Erich Kästner Museum

Das interaktive Museum befindet sich in der prachtvollen „Villa Augustin" mit schön angelegtem Garten und Sitzgelegenheit zum Relaxen und Literatur genießen.

Adresse: Dresden, Antonstraße 1, Öffnungszeiten: Mo-So 10-18 Uhr, Samstag geschlossen. Donnerstag nur für Reisegruppen und Schulkassen. Eintritt Erwachsene 5,- Euro, ermäßigt 3,- Euro, Familien 10,- Euro, Kinder unter 6 Jahre frei.

Lingner Schloss

Den schönsten Milchladen der Welt findet man auf der Bautzner Straße 79, die Pfunds Molkerei. Vollständig ausgekleidet mit handgemalten Fliesen im Neu-Renaissance-Stil. Begonnen hat alles 1879 mit sechs Kühen. Seinerzeit kamen die Bauern mit der Milch aus den umliegenden Dörfern. Pfunds brachte die Kühe in die Stadt und ersparte sich damit den Weg. Die Milch konnte so „frisch gezapft" in der „ersten gläsernen Fabrik Dresdens" verkauft werden. Heute gibt es Käse in unzähligen Variationen. Und vielleicht noch ein Glas Milch im oben liegenden Cafe-Restaurant. Adresse: Dresden, Bautzner Straße 79, Öffnungszeiten Jan-März Mo-So 10-18 Uhr, April-Dez Mo-Sa 10-19 Uhr, So 10-18 Uhr.

Lingner Schloss

Nur fünf Minuten weiter finden Sie den vielleicht schönsten Ort zum Brunchen: Das Lingner Schloss. Einst Schloss des Erfinders vom Odol Mundwasser. Nach seinem Tod, im Jahr 1916, ist es seither auf Wunsch Lingners für jedermann zugänglich. Mit herrlichem Blick über Dresden.

Lingner war auch der Begründer des Deutschen Hygiene-Museums in Dresden, in der die „gläserne Frau", eine Anatomie-Skulptur aus durchsichtigem Kunststoff (Cellon) besichtigt und im wahrsten Sinne „durchleuchtet" werden kann.

Adresse: Lingner Schloss, Dresden, Bautzner Str. 132, Öffnungszeiten: Jan-März täglich 11-18 Uhr, April-Dez täglich 11-23 Uhr.
Adresse Hygiene-Museum: Dresden, Lingner Platz, Öffnungszeiten: Di-So 10-18 Uhr, Mo geschlossen, Eintritt Erwachsene 8,- Euro, ermäßigt 4,- Euro, Familien 13,- Euro, Kinder bis 16 Jahre frei.

Schloss Pillnitz

Etwa 30 Minuten mit dem Auto von der Dresdner Altstadt entfernt, liegt das sagenumwobene Schloss Pillnitz. Seine Bekanntheit erlangte es, mal wieder, durch August den Starken. Von 1713 bis 1715 war es sein legendäres Lustschloss, als Gräfin Cosel hier lebte. Eine im Schlossgarten nachgebaute Elbgondel der Kürfürsten und Könige lässt erahnen, wie schön die Fahrt zwischen Residenzschloss und Schloss Pillnitz gewesen sein muss.

Die Schiffsanlegestelle des Schloss Pillnitz blieb nach zweijährigem Intermezzo jedoch für sie leer. Heute können Sie den Weg August des Starken übers Wasser bei einer Dampferfahrt nehmen.

Schloss Pillnitz

Die politisch engagierte Gräfin wird heute nur als Mätresse wahrgenommen, jedoch war sie viel mehr. Sie war politisch gewandt und stammte dem altmärkischen Adelsgeschlecht, als Maria Aurora Gräfin von Königsmarck, ab. Nach ihrer Liaison, aus der drei Kinder hervorgingen, wurde sie auf die nahe gelegene Burg Stolpen (nicht im Bild) verbannt. Da sie großen Einfluss auf August den Starken hatte, war sie zwar nicht mehr „am Hofe" gewünscht, jedoch konnten ihre gemeinsamen Kinder in Ehren am Hofe bleiben. Ihre Grabstätte befindet sich in der Burgkapelle der Burg Stolpen.

Adresse der Burg Stolpen: 01833 Stolpen, Schloßstraße 10, etwa 25 Kilometer östlich von Dresden. Öffnungszeiten: April-Okt 10-18 Uhr, Nov-März Di-So 10-16 Uhr, Mo geschlossen. Eintritt Erwachsene 6,- Euro, ermäßigt 3,- Euro, Familie 14,- Euro, Kinder bis 5 Jahre frei.

Schloss Pillnitz

Lustwandel können heute alle Besucher hier im Schloss Pillnitz. Die weitläufige Gartenanlage mit den unterschiedlichen Pflanzenarten, dem geheimnisvollen Heckenlabyrinthen, die noch von Gräfin Cosel selbst in Auftrag gegeben wurden, und die vielen einsamen Parkbänke locken und verzaubern auch immer wieder die Dresdner.

Eine besondere Attraktion ist die inzwischen fast zehn Meter hohe Kamelie im eigens angelegten Kamelienhaus. Einer Legende nach wurde sie im Jahr 1779 hierher aus Japan gebracht und seither leuchten jedes Jahr zwischen Mitte Februar und April zehntausende Blüten karminrot. Ebenso faszinierend und das ganze Jahr über zu bestaunen ist das Schloss Bergpalais, das innen im damals modernen japanischen Stil gehalten wurde.

Schloss Pillnitz

Dampferfahrt zum Schloss Pillnitz: Zwischen März und Mitte Oktober legt in Dresden die „Schlösserfahrt" am Dresdner Terrassenufer ab. Jeweils 10, 12 und 14 Uhr. Pro Strecke dauert die Fahrt etwa 90 Minuten. Das Tagesticket mit Aufenthalt in Pillnitz kostet pro Person (Hin- und Rückfahrt) 21,50 Euro, Familien 45,- Euro.

Adresse Schloss Pillnitz: Dresden, August-Böckstiegel-Straße 10, mit Parkplatz. Öffnungszeiten Schlosspark: ganzjährig ab 6 Uhr morgens bis zum Einbruch der Dunkelheit.

Öffnungszeiten Palmenhaus: April-Okt 9-18 Uhr, Nov-März 10-16 Uhr. Kamelienhaus: nur in der Blütezeit Mitte Feb-Mitte April Mo-So 10-17 Uhr, Öffnungszeiten Schloss: Mai-Okt Di-So 10-18 Uhr, Mo geschlossen, Nov-April nur geführte Rundgänge am Sa+So 11, 12, 13 und 14 Uhr. Eintritt: Tagesticket Schloss+Park: 8 Euro, ermäßigt 6,- Euro, Kinder bis 16 Jahre frei.

Bergschwebebahn & Standseilbahn

Letzte Station des Tages ist die Talstation der ältesten Bergschwebebahn der Welt. 1901 eröffnet, erreicht man nach 84 Meter Höhenunterschied die Bergstation mit einem einzigartigen Panoramablick über Dresden.

Wieder zurück in der Talstation, steht nur 100 Meter entfernt, in Richtung Blaues Wunder, die bereits im Jahr 1895 eröffnete Standseilbahn, die hinauf ins Villenviertel „Weißer Hirsch" führt. Ein kurzer Spaziergang hier oben lohnt. Der Baron Manfred von Ardenne (1907-1997), einer der bedeutendsten deutschen Wissenschaftler, hat hier bereits zu DDR-Zeiten sein Forschungs-Institut mit Sternwarte eröffnet. Etwa 600 Patente stammen aus seiner „Feder".

Bergschwebebahn & Standseilbahn

Adresse Bergschwebebahn: Dresden, Pillnitzer Landstraße 5, Fahrzeiten: Mo-Fr 6.30-20 Uhr. Sa-So 9-20 Uhr. Alle 10-15 Minuten. Fahrpreis (Berg- und Talfahrt) 5,- Euro, ermäßigt 3,- Euro.

Adresse Standseilbahn: Dresden, Körnerplatz, Fahrzeiten: Mo-Fr 6.30-20 Uhr. Sa-So 9-20 Uhr. Alle 10-15 Minuten. Fahrpreis (Berg- und Talfahrt) 5,- Euro, ermäßigt 3,- Euro.

Adresse Sternwarte Manfred von Ardenne: Dresden, Plattleite 29, Besichtigungen am Abend nach Voranmeldung unter 0351-263 71 20, Eintritt Erwachsene 4,- Euro, Schüler 2,- Euro. Gruppenführungen bis 20 Personen.

Blaues Wunder & Schiller-Garten

Zurück genießt man einen kurzen Spaziergang über das Blaue Wunder. Zu verdanken hat die 1891 bis 1893 erbaute Stahlkonstruktion ihren Namen, dem kobaltblauen Anstrich. Sie überspannt 146 Meter ohne Brückenpfeiler und war damals ein technisches Wunder – ein blaues Wunder.

Heute ist das „Elbe-Tor Dresdens" ein gern genommener Wochenendausflug der Dresdner, die auf dem Elbe-Radweg unterwegs sind.

Blaues Wunder & Schiller-Garten

Direkt am Elbufer wartet das beliebte Ausflugslokal Schiller-Garten mit deftigen, sächsischen Spezialitäten, das auch reichlich von den Dresdnern genutzt wird. Ob drinnen im historischen Restaurant oder draußen im großen Biergarten - hier frönt man in aller Gelassenheit den ausklingenden Tag und kann dabei den vorbeiziehenden Dampfern zusehen. Die Sachsen wissen zu genießen!

Es war Friedrich Schiller selbst, der dem Schiller-Garten seinen Namen gab. Zwischen 1785 und 1787 war er hier zu Gast und lernte während seines Aufenthaltes in Dresden die Gasthofs-Tochter Justine Segedin kennen. Zehn Jahre später, im Jahr 1797, schrieb Schiller seinen weltberühmten Klassiker „Wallenstein" und verewigt sie darin als „Gustel von Blasewitz".

Adresse Schiller-Garten: Dresden, Schillerplatz 9, Öffnungszeiten: täglich 11-1 Uhr nachts.

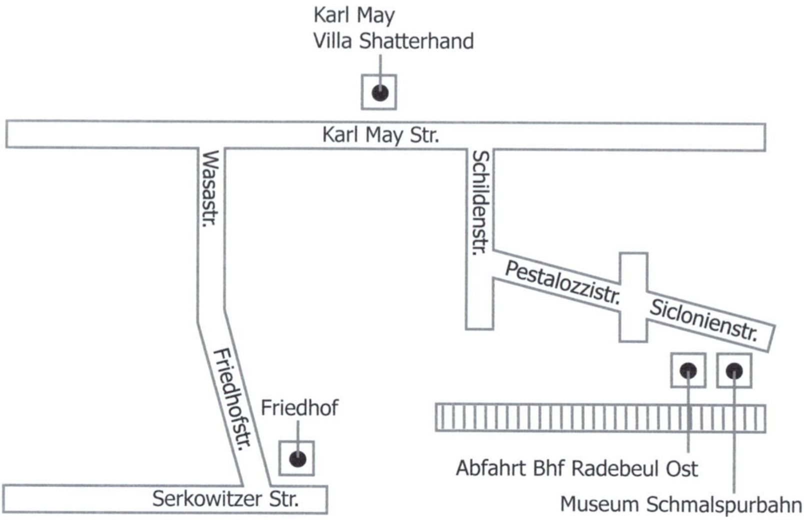
Karl May
Villa Shatterhand
Karl May Str.
Wasastr.
Schildenstr.
Pestalozzistr.
Siclonienstr.
Friedhofstr.
Friedhof
Serkowitzer Str.
Abfahrt Bhf Radebeul Ost
Museum Schmalspurbahn

Karl May Villa Routenplan

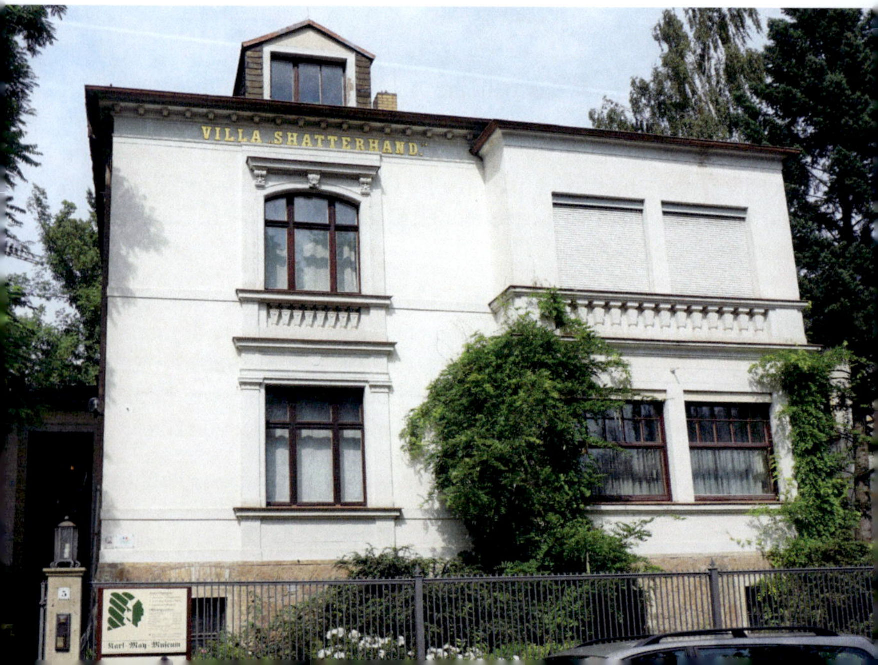
VILLA SHATTERHAND

Die Tour beginnt am Bahnhof Ost von Radebeul. Der Bahnhof liegt elbabwärts nur etwa acht Kilometer von der Dresdner Altstadt entfernt.

Von hier kommt man bequem zu Fuß nach ein paar Minuten zur Karl May Villa Shatterhand und mit der historischen Dampflok nach etwa vierzig romantischen Minuten zum Aschenbrödel-Schloss Moritzburg.

Direkt neben dem Bahnhof Radebeul Ost liegt das Schmalspurbahn-Museum. Lassen Sie sich heute ganz einfach märchenhaft verzaubern!

Karl May Villa Shatterhand

Nur etwa 5 Gehminuten vom Bahnhof Radebeul Ost liegt die Villa Shatterhand, das Wohnhaus Karl Mays, dem Erfinder von Winnetou und Old Shatterhand. Niemand anderes als er selbst, war der heldenhafte Old Shatterhand, mit seiner gefürchteten Rechten – die ihm seinen Namen im Wilden Westen einbrachte.

1895 kaufte Karl May die Villa und ließ im Folgejahr den Schriftzug „Villa Shatterhand" in großen, goldenen Buchstaben am Haus anbringen. Bis zu seinem Tod, 1912, lebte und arbeitet Karl May hier als Old Shatterhand.

Die gegenüberliegende Parkanlage gehörte ebenfalls zum Karl May Anwesen und lädt heute zum Verweilen auf schönen Parkbänken in der Natur ein. Und hier „finden" Sie ihn dann auch - den legendären „Silbersee".

Karl May Villa Shatterhand

Goldwäsche wie im Wilden Westen – im Garten der Villa Shatterhand ist das möglich. Jeder kann hier sein Glück versuchen und findet vielleicht „Gold" in Form von kleinen Messingbröckchen. Verschiedene Bäume Nordamerikas werden im Garten gepflegt.

Ein Briefkasten im Garten der Karl May Villa zeugt davon, dass Sie tatsächlich bei der gefürchteten „Schmetterhand" Karl May zuhause waren. Wölfe des wilden Westens und Indianerkanus aus Holz zieren wie so viele andere Sammlerstücke die gepflegte Gartenanlage des heutigen Museums.

Karl May Villa Shatterhand

Viele spannende Wissensfragen, sowie Hufabdrücke von Bisons, ein begehbarer Wigwam, Bogenschießen auf Büffelherden, ein Indianerspielplatz und vieles mehr, öffnen für Groß und Klein die Tür in die fantasievolle Indianerwelt Karl Mays.

Und wer bei so viel Spaß und Tatendrang Hunger verspürt, findet in Sam´s BBQ eine kleine Stärkung, bevor es wieder auf Entdeckungstour geht.

Karl May Villa Shatterhand

„Kein Mensch darf ahnen, dass das, was ich erzähle, nur Gleichnisse und nur Märchen sind, denn wüsste man das, so würde ich nie erreichen, was ich zu erreichen gedenke. Ich muss selbst zum Märchen werden, ich selbst, mein eigenes ICH.", so schrieb einst Karl May über sich selbst.

Seinen Original Henrystutzen, den Bärentöter und die Silberbüchse kann man noch heute hier bewundern und „zeugen" vom Wahrheitsgehalt seiner Erlebnisse im Wilden Westen. Woher sonst könnte der große Old Shatterhand die in seinen Büchern zur Legend gewordenen Gewehre herhaben – wenn nicht aus dem Wilden Westen?

Karl May Villa Shatterhand

Hier an diesem Originaltisch, in seiner Villa Shatterhand, saß Karl May oft Nächte lang und ersann sich Geschichten, die Generationen von Menschen träumen ließ.

Adresse: Radebeul, Karl-May-Str. 5, Öffnungszeiten: März-Okt Di-So 9-18 Uhr, Mo geschlossen, Nov-Feb Di-So 10-17 Uhr, Mo geschlossen. Eintritt Erwachsene 9,- Euro, ermäßigt 7,- Euro, Kinder bis 16 Jahre 3,- Euro, Familie 20,- Euro, Kinder bis 4 Jahre frei.

Karl May Villa Shatterhand

Heute haben wir viele Begriffe aus dem Wilden Westen nur ihm, Karl May, zu verdanken, die es nämlich so nie gab – im Wilden Westen. So war der vielzitierte Marderpfahl nur deshalb ein Marderpfahl, weil Karl May ihn so nannte.

Tatsächlich hieß er im Wilden Westen nie anders als Totempfahl. Und auch die viel beschworene Blutsbrüderschaft gab es nicht im Wilden Westen. Sie war ein Alt-Germanischer Brauch, den Karl May in seinen Büchern einfügte und damit in den Wilden Westen trug.

Karl May Villa Shatterhand

Die „Villa Bärenfett" im großzügigen Garten der Karl May Villa lässt uns in die Welt der Indianer eintauchen. 14 Jahre nach seinem Tod errichtete seine Witwe, im Jahr 1926, das Blockhaus und stellte die Mitbringsel aus, die einst Karl May auf seinen Reisen aus Amerika mitbrachte. Weitere Museumsstücke, auch von Freunden und Stiftern, folgten. Große und kleine Kinder finden hier spannende Fragespiele rund um das Thema Indianer.

Karl Mays Grab befindet sich nur etwa 10 Gehminuten von seiner Villa Shatterhand, auf dem Friedhof Radebeul Ost. Das Grabhaus mit den vier tragenden Säulen voran, ähnelt einem griechischen Tempel. Hier, in seinen „ewigen Jagdgründen", fand der bedeutendste und prägendste Wild-West-Schriftsteller unserer Zeit, seine letzte Ruhe.

Adresse Friedhof: Radebeul-Ost, Serkowitzer Str. 33, ganzjährig geöffnet.

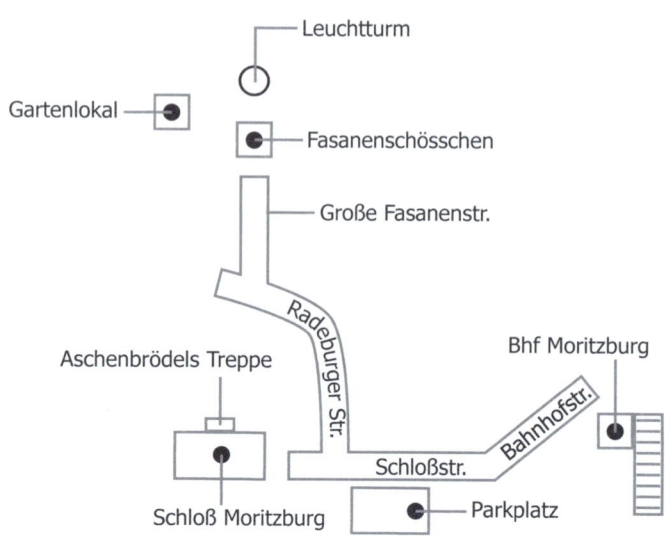

Leuchtturm

Gartenlokal

Fasanenschösschen

Große Fasanenstr.

Radeburger Str.

Aschenbrödels Treppe

Bhf Moritzburg

Bahnhofstr.

Schloßstr.

Schloß Moritzburg

Parkplatz

99 1777-4

Schloss Moritzburg Routenplan

Die schönste Form das Aschenbrödel-Schloss Moritzburg zu erreichen, ist mit Sicherheit die 1883 eingeweihte Schmalspurbahn.

Mehrmals täglich schnaubt seither laut pfeifend, ratternd, qualmend die Lößnitzgrundbahn ab Bahnhof Radebeul Ost in etwa 40 Minuten zum Schloss. Die Fahrt in den antiken Waggons, die von den Dresdner auch liebevoll „Lößnitz-Dackel" bezeichnet wird, ist dabei nicht nur für Kinder ein bezauberndes Erlebnis. Direkt neben dem Bahnhof liegt das Schmalspurmuseum für alle technikinteressierten großen und kleinen Jungs.

Lößnitzgrundbahn

Adresse des Bahnhof Radebeul Ost: Radebeul, Am Alten Güterboden. Parkplätze hinterm Bahnhof. Abfahrtszeiten Radebeul Ost: ganzjährig 11 Uhr, 11.30, 12.35, 15.10 und 15.15 Uhr. Abfahrtszeiten Moritzburg: ganzjährig 13.05, 14.35, 16.46, 17.33und 19.30 Uhr. Fahrpreise (Hin- und Rückfahrt) Erwachsene 13,- Euro, Kinder bis 15 Jahre 6,- Euro, Familie 26,- Euro, Kinder bis 5 Jahre frei.

Adresse Schmalspurmuseum: Radebeul, Am Alten Güterboden 4, Öffnungszeiten 10-16 Uhr an ausgewählten Fahrtagen, Eintritt 3,50 Euro, Kinder bis 16 Jahre 1,50 Euro, Kinder bis 5 Jahre frei.

Aschenbrödel-Schloss Moritzburg

Fürstliche Wasserspiele. Nur 15 km von Dresden entfernt liegt Schloss Moritzburg. Im Jahr 1542 bis 1546 erbaut, hat es seinen Namen vom Gründer Herzog Moritz von Sachen. Als Jagdschoss im Barockstil errichtet, wurden seine 200 Zimmer im Stil der Renaissance ausgestattet. Bis zur Enteignung im Jahre 1945 war es auch das Wohnhaus der Wettiner. Tatsächlich berühmt wurde das Schloss Moritzburg aber mit dem Filmklassiker zur Weihnachtszeit „Drei Haselnüsse für Aschenbrödel".

Adresse: Moritzburg, Schlossallee 2. Parkplätze direkt vor dem Schloss. Öffnungszeiten Barockschloss: April-Okt täglich 10-18 Uhr, Nov-März Di-So 10-17 Uhr, Mo geschlossen. Eintritt Erwachsene 8,- Euro, ermäßigt 4,- Euro, Familie 16,- Euro. Schlossführung zzgl. Erwachsene 2,- Euro, Kinder 1,- Euro.

Aschenbrödel-Schloss Moritzburg

„Mach ich's, mach ich's nicht?", war einst Aschenbrödels Frage, als sie sich genau an dieser Stelle die Frage stellte. Und natürlich machte sie's! Genauso, wie Sie es tun sollten – zum Aschenbrödel-Schloss Moritzburg zu fahren.

Hier finden Sie den legendären Schuh noch auf der Treppe – in Messing und zum Probieren. Vielleicht gehörte der Schuh ja doch nicht Aschenbrödel, sondern Ihnen... Probieren Sie es aus! Tatsächlich probieren Jung und Alt jeden Tag den Schuh.

Wenn er passt, dann können auch Sie hier Ihre Märchenhochzeit feiern, direkt in Aschenbrödels Schloss Moritzburg. Da wo einst auch August der Starke rauschende Feste feierte. Wirklich romantisch wird es dann, wenn Sie ihre Hochzeitsnacht dann auch noch in einem der vier Gondelhäuschen verbringen. Mit Blick auf den See und auf Aschenbrödels Treppe mit dem goldenen Schuh. Geht es romanischer?
Anmeldung und Buchung des Festsaals und der Gondelhäuschen unter 035207-873-0. Grundpreis zwei Nächte pro Gondelhaus 190,- Euro.

Aschenbrödel-Schloss Moritzburg

Sachsens einziger Leuchtturm steht unweit des Schloss Moritzburg in der 1728 angelegten weitläufigen Fasanerie des Schlossgartens. In der großzügigen Parkanlage erlebt man Natur hautnah, unter schattigen Bäumen, bei einem etwa einstündigen Spaziergang vom Wasserschloss Moritzburg. Am Ende wartet ein Gartenlokal, ein fürstlicher Weitblick über den See und das Fasanenschlösschen im Stil des Rokokos mit barocken Elementen.

Fasanenschlösschen Moritzburg

1739 erbaut, diente das Fasanen-Schlösschen auch als Sommerresidenz, in der so mancher Fasan zum Wein gereicht wurde. Denn die Fasanenzucht hatte hier einen großen, über die Jahrhunderte währenden Stellenwert. Das Fasan-Schlösschen wird auch liebevoll als „das kleinste Schloss Sachsens" bezeichnet.

Adresse: 01468 Moritzburg, Fasanerie, Öffnungszeiten: Di-So 10-18 Uhr, Mo geschlossen. Eintritt inkl. Führung Erwachsene 6,50 Euro, ermäßigt 4,50 Euro. Kombi-Ticket Barockschloss & Fasan-Schlösschen: Erwachsene 11,- Euro, ermäßigt 7,- Euro.

Leuchtturm mit öffentlicher Führung: Erwachsene 3,- Euro, ermäßigt 1,- Euro. Kinder bis 5 Jahre jeweils frei.

Abfahrt Dresden   Ankunft Spreewald

Richtung Berlin

A13

A4

Große Meißner Str.

Augustusbrücke

Gurkenmeile

Dammstraße 77a

Bootsverleih

Spree

Parkplatz

Abfahrt
Spreewaldhafen

Spreewald Routenplan

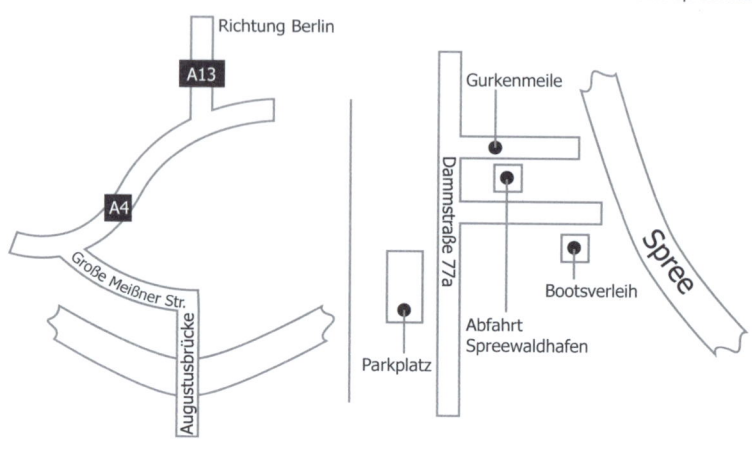

Heute heißt es „auf, zu einer Reise an den Spreewald und zur vollkommenen Ruhe". Nur eine gute Stunde mit dem Auto entfernt, liegt nördlich von Dresden der Spreewald. Wer in Dresden noch keine Entschleunigung erfahren konnte, der wird es hier in wenigen Augenblicken.

Nichts scheint die Ruhe hier zu stören. Alle Besucher schweigen und saugen die Ruhe in sich auf. Fast wähnt man sich in einem Märchenwald. Und schon so manches Kind hat hier den Ort des einen oder anderen Märchens vermutet. Diese Reise ist auch für Kinder ein großartiges Natur-Erlebnis.

Spreewald

Mehr als 500 Kilometer befahrbare Wasserwege sind auf den bewaldeten Wasserkanälen möglich. Vorbei an beschaulichen Fachwerkhäusern und wildromantischen Holzbrücken. Man hört nur noch das Boot im Wasser gleiten, sieht Libellen um das Boot tanzen und in der Ferne zwitschern ein paar Vögel. Willkommen mitten in der Natur.

Berühmt geworden ist der Spreewald auch mit seinen „Spreewälder Gurken", die man hier direkt an der Bootsanlegestelle probieren und kaufen kann. Einige Fährmänner fahren durch die Bilderbuchlandschaft aus endlosen Kanälen, auch bis zum Gurkenmuseum in Lehde, das direkt am Kanal liegt und sich in einem der ältesten Gebäude hier befindet. Wer Interesse dafür hat, sollte vor Abfahrt den Fährmann danach fragen, ob er die Route nimmt. Das Gurkenmuseum hat von April-Okt täglich zwischen 10-17 Uhr geöffnet.

Adresse Großer Spreewaldhafen Lübbeneau: 03222 Lübbenau/Spreewald, Dammstraße 77A, großer Parkplatz direkt vor Ort.

Spreewald

Wer es noch romantischer und abgeschiedener mag, mietet einfach ein Paddelboot und nimmt selbst Kurs auf Mutter Natur. Auch für Kinder ist die Fahrt auf den einsamen Kanälen ein riesen Spaß. Ohne Smartphone, ohne Computer, einen ganzen Tag Spaß haben. Hier geht das. Ruhe in einer extra großen Portion.

Zahlreiche Paddelboot-Vermieter liegen auf dem Weg und vermitteln auch an den Bootsanlegestellen. So am Hafen Lübbenau der Bootsverleih Richter, Dammstraße 75.

Spreewald

Plötzlich Stille! Ein Tag im Spreewald ist das beste Rezept gegen Stress! In der europaweit einzigartigen Flusslandschaft findet man überall unberührte Natur. Und Bilder wie diese, die einen nur noch flüstern oder schweigen lassen! Hier bedarf es einfach keines weiteren Kommentares mehr…

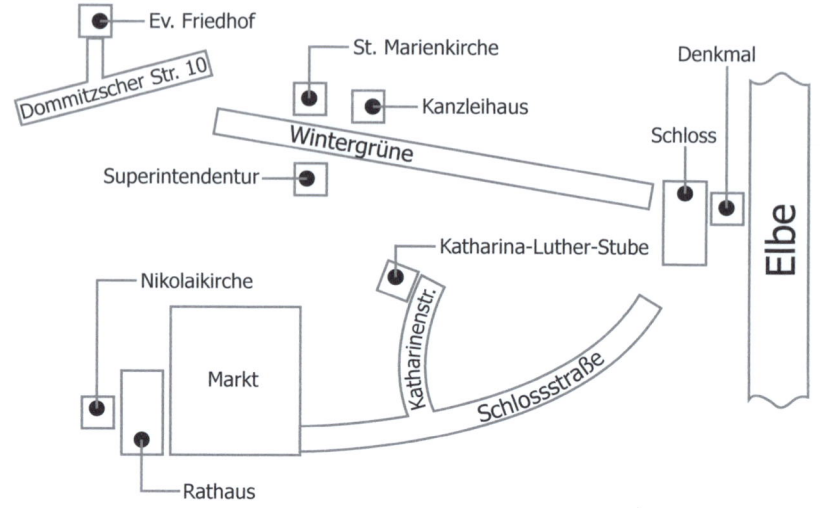

Ev. Friedhof

Dommitzscher Str. 10

St. Marienkirche

Kanzleihaus

Wintergrüne

Superintendentur

Denkmal

Schloss

Elbe

Katharina-Luther-Stube

Nikolaikirche

Markt

Katharinenstr.

Schlossstraße

Rathaus

Torgau Stadtplan

Nur etwa 90 Kilometer elbabwärts liegt Torgau, die „Amme der Reformation". So unscheinbar die kleine Renaissancestadt wirkt, so groß ist die Weltgeschichte, die in ihren Mauern geschrieben wurde.

Hier war das politische Zentrum der Reformation. Hier fand Luther mit dem ernestinischen Kurfürsten Friedrich der Weise seinen Unterstützer, ohne den es die evangelische Kirche nie gegeben hätte. Hier wurde der Torgauer Artikel zum Abschluss gebracht, die Grundlage des Bekenntnisses in Augsburg. Hier liegt in der St. Marienkirche Luthers Frau, Katharina von Bora, begraben. Hier in Torgau müssen Sie gewesen sein!

Torgau

„Handelsplatz" war die aus dem slawischen „torgowe" abgeleitet Bezeichnung für Torgau. Die Kreuzung alter Handelswege führte so zur Gründung Torgaus. Schloss Hartenfels, im über tausendjährigen Torgau, ist heute das bedeutendste, noch erhaltene Früh-Renaissanceschloss in Deutschland.

Nach der „Leipziger Teilung" im Jahr 1485 teilten sich die Wettiner, eines der ältesten und bedeutendsten deutschen Adelsgeschlechter und des europäischen Hochadels, in die Albertinische und in die Ernestinische Linie auf. Der wohl berühmteste Albertiner ist mit Sicherheit August der Starke in Dresden. Die berühmtesten Ernestiner sind die Brüder Friedrich der Weise, Johann der Beständige und Johann Friedrich der Großmütige. Mit der Unterstützung Luthers haben sie die Welt vor 500 Jahren nachhaltig verändert und die evangelische Kirche erst möglich gemacht!

Torgau

„Was Torgau beschließt, wird in Wittenberg verkündet", hieß es. Hier im Schloss Hartenfels war das unumstrittene politische Zentrum der Reformation. Torgau wird deshalb auch als die „Amme der Reformation" bezeichnet. Denn ohne die drei ernestinischen Brüder wäre Martin Luther auf dem Scheiterhaufen gelandet.

Ironie der Geschichte: Friedrich der Weise sollte zwei Jahre vor Luthers Weg nach Worms zum deutschen Kaiser gekrönt werden. Er lehnte jedoch ab, weil ihn der zunehmende Einfluss der römisch-katholischen Kirche und des deutschen Kaisers missfiel. So rückte Karl V. als deutscher Kaiser an seiner Stelle nach. Jener deutsche Kaiser, vor dem Martin Luther in Worms 1521 stehen sollte.

Schloss Hartenfels

40 Jahre führte Friedrich der Weise von hier aus sein Reich – ohne einen einzigen Krieg! Trotz entschlossener Unterstützung Luthers und der Reformation. Seine Diplomatie verhalf ihm durch unruhige Zeiten und brachte ihm seinen respektvollen Namen ein.

Der repräsentative Wendelstein im Schloss wurde zwischen 1533 bis 1536 erbaut. Die freitragende Treppenanlage, ohne Mittelsäule, gehört heute zu den Denkmälern der Weltarchitektur.

Adresse Schloss Hartenfels: Torgau, Schlossstraße 27, Öffnungszeiten ganzjährig Mo-So 10-18 Uhr. Wechselnde Ausstellungen.

Torgau

Auf Bitten Friedrich des Großmütigen entwarf Luther im ernestinischen Residenzschloss den ersten evangelischen Kirchenraum – mit all seinen Vorstellungen einer neuen, reformierten Kirche. 1544 weihte Martin Luther die Schlosskapelle ein. Sie gilt damit als erster protestantischer Kirchenbau der Geschichte und ist damit das sichtbare Vorbild aller späteren evangelisch-lutherischen Kirchen. Der berühmte Maler Lucas Cranach übernahm die Farbgestaltung der Kapelle.

Johann Walter, Freund von Luther und Kantor der Reformation, erstellte dazu das erste evangelische Kirchengesangsbuch und legte damit das Fundament der evangelischen Vokalmusik.

Schlosskapelle

Da für Martin Luther das Wort Gottes im Mittelpunkt stand, stelle er die Kanzel direkt in die Mitte der Gemeinde, um das Wort Gottes von hier aus zu verkünden. Und da es in seiner reformierten Kirche nur die Taufe und das Abendmahl als Sakrament gab, genügte es Luther, wenn man getauft ist, um das Wort Gottes als Pfarrer oder Pfarrerin zu verkünden. Bewusst oder unbewusst führte er damit wohl als Erster die Gleichstellung der Frau ein – vor 500 Jahren!

Adresse Schloss-Kapelle: Torgau, Schlossstraße 27, direkt im Schloss Hartenfels, Öffnungszeiten der Schloss-Kapelle: April-Okt 10-18 Uhr. In den Wintermonaten auf Anfrage. Eintritt frei.

Torgau

Die romanische Nikolaikirche im Innenhof des Rathaus-Komplexes, war 1519 Schauplatz der ersten deutschen Taufe und 1520 des ersten protestantischen Gottesdienstes. Die geschichtsträchtige Nikolaikirche kann leider nicht besichtigt werden. Adresse: Torgau, Markt 1.

Nikolaikirche & Rathaus

Torgau ist ein wahres Kleinod mit seiner großen Anzahl unzerstörter Renaissance-Bauten. Das von 1563 bis 1578 im Renaissance-Stil erbaute Torgauer Rathaus rundet das Renaissance-Ensemble am Marktplatz ab und ist wohl nicht zufällig dem Wittenberger Rathaus zum Verwechseln ähnlich. Wohl ein Tribut der ernestinischen Kurfürsten an ihren ehemaligen Baumeister, Konrad Krebs, der 40 Jahre zuvor Bauleiter des Rathauses in Wittenberg war!

Torgau

Hier liegt wohl der Anfang unserer heute gesprochenen deutschen Sprache. Als 1533 die Ernestiner an diesem Ort ihr Kurfürstliches Kanzleihaus errichteten, schufen sie damit nicht nur eine moderne Verwaltungszentrale, sondern führten ihr Meißner Kanzleideutsch als verbindliche Amtssprache ein. Die Sprache, die auch Martin Luther 1522 für die Bibelübersetzung verwendete. Jede Druckerei, ob in Torgau oder Wittenberg, benötigte von hier ihre Legitimation.

Als die Ernestiner den Druck der ersten Lutherischen Bibel in Auftrag gaben, verbreitete sich das Meißner Kanzleideutsch wie ein Lauffeuer im ganzen Land. Die Grundlage für unser heute verwendetes Deutsch war geschaffen. Heute befindet sich hier das Stadt- und Kulturgeschichtliche Museum Torgaus.

Adresse: Torgau, Wintergrüne 5, Öffnungszeiten: April-Okt Di-So 10-18 Uhr, Mo geschlossen, Nov-März Di-So 10-17 Uhr. Mo geschlossen.

Kanzleihaus & Superintendentur

So unscheinbar, dass man geneigt ist, daran vorbeizugehen. Und doch kam niemand an dem Vorbei, was hier in der Alten Superintendentur 1530 von Luther und seinen Mitstreitern geschrieben wurde: der Torgauer Artikel, der hier zum Abschluss gebracht wurde und den evangelischen Glauben in 21 Artikel zusammenfasste. Und noch heute die Grundlage des evangelischen Glaubens bildet. Einst vom ernestinischen Kürfürsten Johann dem Beständigen an Melanchthon in Auftrag gegeben und später als Augsburger Bekenntnis in die Geschichte eingegangen. Ein Schild über den Eingang erinnert heute an dieses bedeutende Ereignis.

Heute befindet sich hier eine Dauerausstellung in der Sie auch das Zimmer kennenlernen können, in dem einst Luther mit seinen Mitstreitern am Torgauer Artikel saßen.

Adresse: Torgau, Wintergrüne 2, Öffnungszeiten: Di-Fr 10-16 Uhr. Sa-Mo geschlossen. Eintritt Erwachsene 3,- Euro, Kinder 2,- Euro, Familie 5,- Euro, Kinder bis 6 Jahre frei.

Torgau

Katharina von Bora war mehr, als nur die Frau Luthers. Sie war eine rebellierende und frei denkende Frau. 1523 befreite der Torgauer Ratsherr Koppe die adlige Nonne aus dem nahe gelegenen Kloster Nimbschen und brachte sie in Sicherheit – nach Torgau.

Nur zwei Jahre später heiratete der einstige Mönch Luther die entflohene 26jährige Nonne Katharina von Bora. Ein Jahr zuvor gab er sein Mönchsleben auf.

Katharina-Luther-Stube

Torgau war auch die letzte Station von Katharina Luther. 1552, auf der Flucht vor der Pest in Wittenberg, verunglückt ihr Wagen auf dem Weg nach Torgau. Wenig später starb sie hier in diesem Haus, in der heutigen Katharina-Luther-Stube von Torgau. Bis heute ist es das einzige Museum für die Frau Martin Luthers.

Adresse: Torgau, Katharinenstraße 11, Öffnungszeiten: Ostern-Okt Mo-So 10-18 Uhr, Nov-Ostern Mo-So 10-16 Uhr. Eintritt Erwachsene 2,- Euro, Kinder 1,- Euro, Familie 4,50 Euro.

Torgau

Die spätgotische Sankt Marienkirche aus dem 14. Jahrhundert ist die evangelische Stadtkirche Torgaus und erlangte vor allem damit Berühmtheit, dass hier die Frau des Reformers Martin Luther, Katharina Luther, geborene „von Bora", im Jahr 1552 begraben wurde.

Adresse: Torgau, Wintergrüne, Öffnungszeiten: Ostern-Okt Mo-Fr 10-18 Uhr, Sa, So, Feiertage 10-16 Uhr, Nov-Ostern Mo-Sa 10-16 Uhr.

Sankt Marienkirche

Unter dem weiten Steinbogen, links im Bild, wurde Katharina Luther beerdigt. Außerdem liegt hier in der St. Marienkirche Konrad Krebs. 1540 in Torgau verstorben, wurde er 1532 vom ernestinischen Kurfürsten Friedrich der Großmütige zum Landbaumeister von Torgau ernannt. Von 1533 bis 1536 baute er das ernestinische Residenzschloss Hartenfels zu einer prunkvollen Residenz aus, auf das in den Folgejahren eine bewegte Geschichte warten sollte.

Torgau

JOSEPH POLOWSKY
1916 ——— 1983
— Author Principia 1935 – 1936 —
Participant in the World War 2 USA – UdSSR
swearing of the Oath at the Elbe on April 25. 1945
in the area of Torgau / Germany

Teilnehmer an dem von den USA und der UdSSR
geleisteten Schwur während des 2. Weltkrieges
am 25. April 1945 an der Elbe
in der Nähe von Torgau / Deutschland

Ein Besuch Torgaus ist nicht komplett ohne die Erinnerung an die „Begegnung an der Elbe". Dem ersten Treffen von russischen und amerikanischen Soldaten zum Ende des 2. Weltkrieges. Nur zwei Wochen später war der Krieg beendet. Direkt zwischen Schloss und Elbe befindet sich das Ehrendenkmal. Einst schworen sich hier Russen und Amerikaner an diesem Ort für Frieden gemeinsam in der Welt einzutreten.

Begegnung an der Elbe

Jo Polowsky, ein damals 29-jähriger amerikanischer Soldat, hat diese Zeit und diesen Schwur nie vergessen und lies sich deshalb 1983 hier in Torgau beerdigen. Wollen wir hoffen, dass auch die Söhne der Soldaten diesen Schwur nicht vergessen …

Adresse des ev. Stadtfriedhofs: Torgau, Dommitzscher Str. 10.

Impressum

Bedanken möchte ich mich an dieser Stelle für die Unterstützung, Informationen und Fotogenehmigungen bei:den Staatlichen Kunstsammlungen Dresden, dem Schlösserland Sachsen / die Staatliche Schlösser, Burgen und Gärten Sachsen gemeinnützige GmbH, der Frauenkirche Dresden, der Dresden Marketing GmbH, der Dresdner Molkerei Gebr. Pfund GmbH, dem Bistum Dresden-Meißen, dem Hochstift Meißen, der Staatliche Porzellan-Manufaktur Meißen GmbH, der Meißen Porzellan-Stiftung GmbH, dem Karl-May-Museum Radebeul, dem Schloss Wackerbarth Radebeul / Sächsisches Staatsweingut GmbH und nicht zuletzt beim Torgau-Informations-Center / der Torgauer Tourismus und Bäder GmbH, sowie Katharina, Steffen und Dr. Ing. Gerhard Hinzmann. All jenen und die ich nicht aufgezählt habe, aber zum Gelingen des Reiseführers beigetragen haben, herzlichen Dank!

Haftungsausschluss:
Trotz sorgfältiger Aufbereitung kann es zu Irrtümern kommen. Es wird daher keinerlei Gewähr für die Aktualität, Korrektheit, Vollständigkeit oder Qualität der bereitgestellten Informationen übernommen. Haftungsansprüche, welche sich auf materieller oder ideeller Art beziehen, die durch die Nutzung oder Nichtnutzung der Informationen bzw. durch die Nutzung fehlerhafter und unvollständiger Informationen verursacht wurden, sind grundsätzlich ausgeschlossen.

Bibliografische Information der Deutschen Nationalbibliothek: Die Deutsche Nationalbibliothek verzeichnet diese Publikation in der Deutschen Nationalbibliografie; detaillierte bibliografische Daten sind im Internet über http://dnb.dnb.de abrufbar.

Herstellung und Verlag: BoD – Books on Demand, Norderstedt

ISBN: 978-3-7431-7395-8

Auch als eBook erhältlich.